FAMILY GRATITUDE JOURNAL

52 PROMPTS TO ADD HAPPINESS TO YOUR HOME

skinned knee
publishing

902 Gardner Rd. No. 4
Austin, Texas 78721

Who:_____

When:_____

Who:_____

When:_____

Who:_____

When:_____

Who:_____

When:_____

WHAT YUMMY FOOD
HAVE YOU EATEN
RECENTLY?

THINK ABOUT ALL THE
PEOPLE WHO HELPED GET
IT TO YOU. WHERE DID
IT GROW? WHO COOKED
IT? WHO CLEANED UP?

Who:_____

When:_____

Who:_____
When:_____

Who:_____
When:_____

Who:_____
When:_____

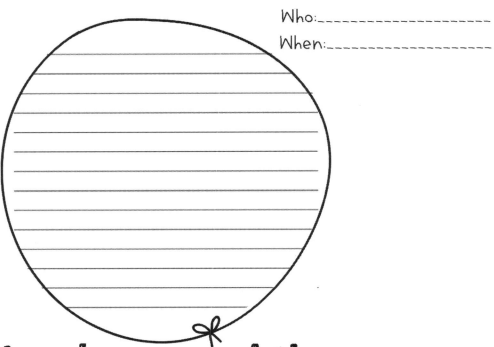

Who:_____

When:_____

Look around the room. Name 3 things you're grateful for.

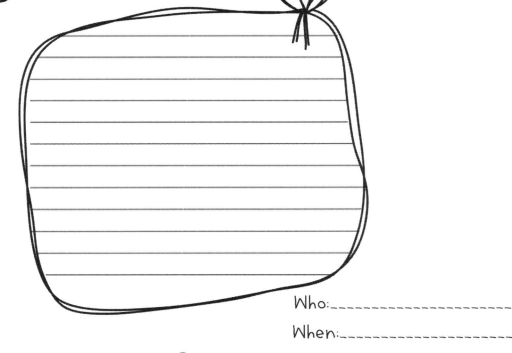

Who:_____

When:_____

Who:_____

When:_____

Who:_____

When:_____

Who:_____

When:_____

WHAT'S THE MOST BEAUTIFUL THING YOU SAW TODAY?

Who:_____

When:_____

Who:_____ When:_____

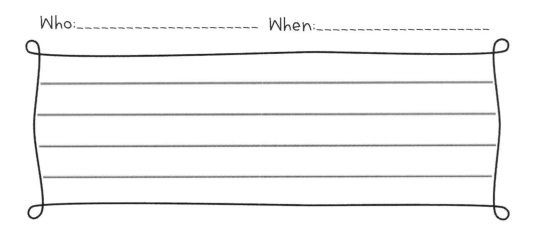

Who:_____

When:_____

Who:_____

When:_____

Who:_____

When:_____

Who:_____

When:_____

What's something silly your family does?

Who:_____

When:_____

Who:_____

When:_____

Who:_____

When:_____

Who:_____

When:_____

WHAT WAS THE BEST PART OF YOUR DAY?

Who:_____

When:_____

Who:_____

When:_____

Who:_____

When:_____

Who:_____

When:_____

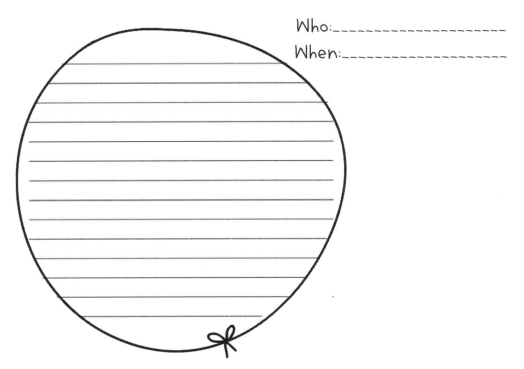

Who:_____

When:_____

Tell about something nice you saw someone doing today.

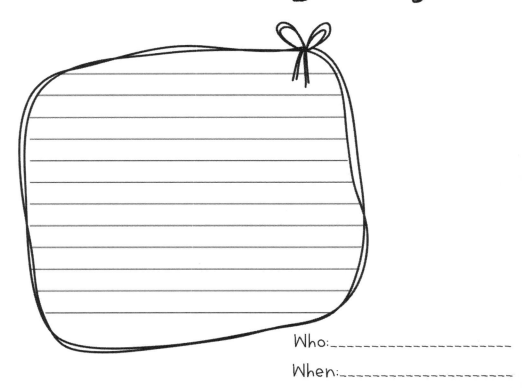

Who:_____

When:_____

Who:_____

When:_____

Who:_____

When:_____

Who:_____

When:_____

WHAT'S SOMTHING YOU APPRECIATE ABOUT YOURSELF?

Who:_____

When:_____

Who:_____ When:_____

Who:_____

When:_____

Who:_____

When:_____

Who:_____

When:_____

Who:_____

When:_____

Tell about
a family
memory
that
makes
you smile.

Who:_____

When:_____

Who:_____

When:_____

Who:_____

When:_____

Who:_____

When:_____

Who:_____

When:_____

WHAT BOOK OR STORY HAVE YOU ENJOYED RECENTLY?

Who:_____

When:_____

Who:_____
When:_____

Who:_____
When:_____

Who:_____
When:_____

WHAT CAN YOU SAY THANK YOU TO YOUR BODY FOR?

Who:_____

When:_____

Who:_____ When:_____

Who:_____

When:_____

Who:_____

When:_____

Who:_____

When:_____

Who:_____

When:_____

Tell about a place you've been with your family that you're grateful for.

Who:_____

When:_____

Who:_____

When:_____

Who:_____

When:_____

Who:_____

When:_____

Who:_____

When:_____

USE YOUR SENSES WHAT'S SOMETHING YOU SEE, HEAR, TASTE, SMELL OR TOUCH THAT YOU'RE THANKFUL FOR?

Who:_____

When:_____

Who:_____
When:_____

Who:_____
When:_____

Who:_____
When:_____

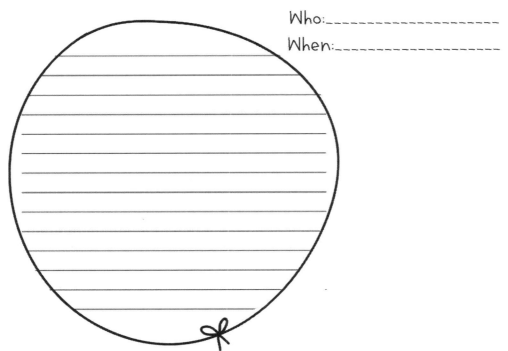

Who:_____

When:_____

When was the last time you thanked someone?

How did it feel?

Who:_____

When:_____

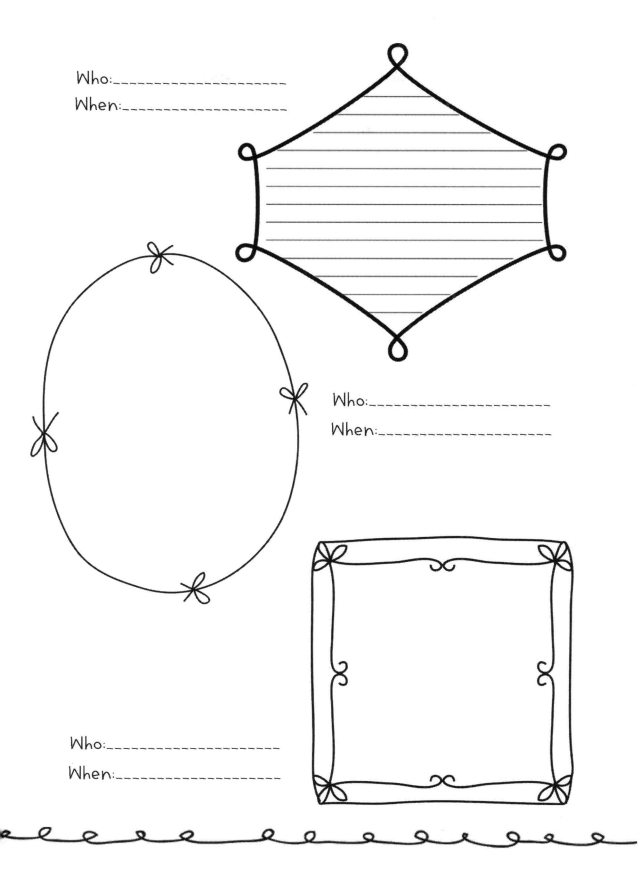

Who:_____

When:_____

Who:_____

When:_____

Who:_____

When:_____

WHAT'S SOMETHING YOU CAN DO NOW THAT YOU COULDN'T DO BEFORE?

Who:_____

When:_____

HOW DOES THIS MAKE YOU FEEL?

Who:_____ When:_____

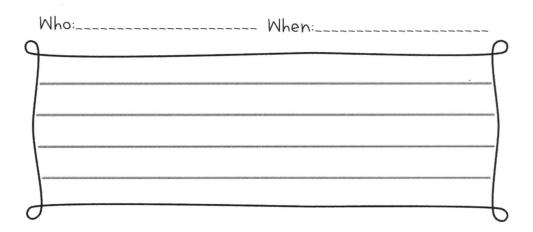

Who:_____

When:_____

Who:_____

When:_____

Who:_____

When:_____

Who:_____

When:_____

What do you
enjoy doing in
the summer
with your
family?

Who:_____

When:_____

Who:_____

When:_____

Who:_____

When:_____

Who:_____

When:_____

Who:_____

When:_____

TELL ABOUT SOMETHING THAT HAS MADE YOU LAUGH RECENTLY.

Who:_____

When:_____

Who:_____

When:_____

Who:_____

When:_____

Who:_____

When:_____

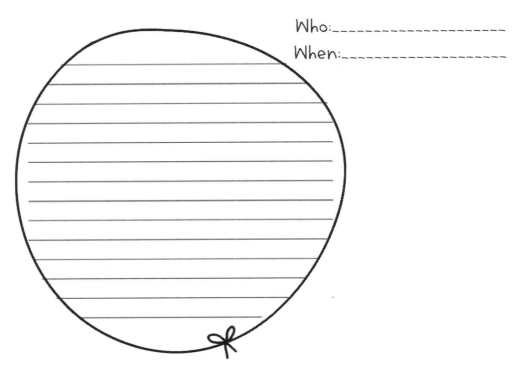

Who:_____

When:_____

Tell about a person who lives faraway that you're grateful for?

Who:_____

When:_____

Who:_____
When:_____

Who:_____
When:_____

Who:_____
When:_____

WHAT MAKES YOUR HEART SMILE?

Who:_____

When:_____

Who:_____ When:_____

Who:_____

When:_____

Who:_____

When:_____

Who:_____

When:_____

Who:_____

When:_____

What game or activity do you like doing as a family?

Who:_____

When:_____

Who:_____

When:_____

Who:_____

When:_____

Who:_____

When:_____

Who:_____

When:_____

LOOK OUT A WINDOW.

WHAT DO YOU SEE THAT YOU'RE THANKFUL FOR?

Who:_____

When:_____

Who:_____

When:_____

Who:_____

When:_____

Who:_____

When:_____

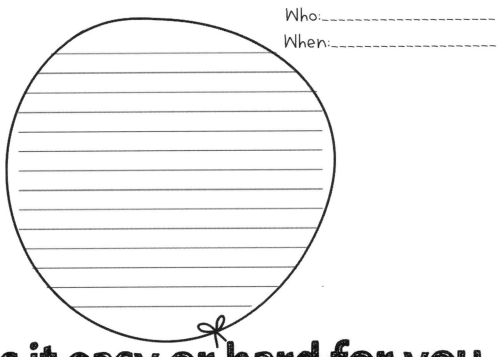

Who:_____

When:_____

Is it easy or hard for you to thank others? Why do you think?

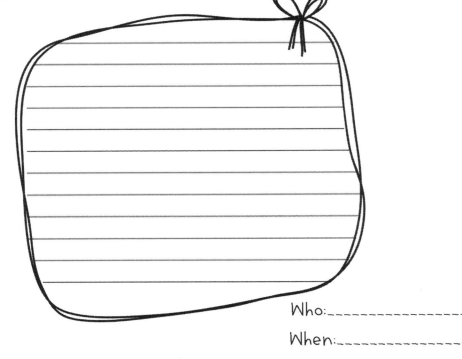

Who:_____

When:_____

Who:_____

When:_____

Who:_____

When:_____

Who:_____

When:_____

WHAT'S SOMETHING YOU DO EVERY DAY THAT YOU'RE THANKFUL FOR?

Who:_____

When:_____

Who:_____ When:_____

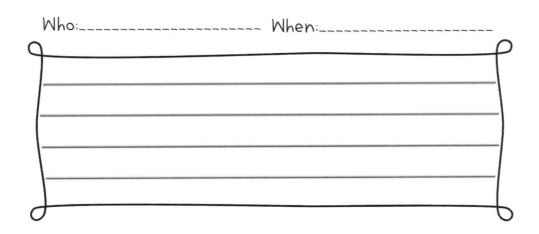

Who:_____

When:_____

Who:_____

When:_____

Who:_____

When:_____

Who:_____

When:_____

What do you enjoy doing in the winter with your family?

Who:_____

When:_____

Who:_____

When:_____

Who:_____

When:_____

Who:_____

When:_____

Who:_____

When:_____

WHAT'S ONE GOOD THING ABOUT THE WEATHER TODAY?

Who:_____

When:_____

Who:_____

When:_____

Who:_____

When:_____

Who:_____

When:_____

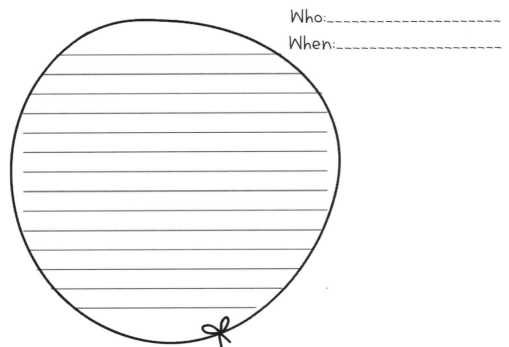

Who:_____

When:_____

Who can you write a thank you note to?

What for?

Who:_____

When:_____

Who:_____

When:_____

Who:_____

When:_____

Who:_____

When:_____

WHAT'S SOMETHING YOU'VE LEARNED THAT YOU'RE THANKFUL FOR?

Who:_____

When:_____

Who:_____ When:_____

Who:_____
When:_____

Who:_____
When:_____

Who:_____
When:_____

Who:_____

When:_____

What is
something in
your home
that you're
grateful for?

Who:_____

When:_____

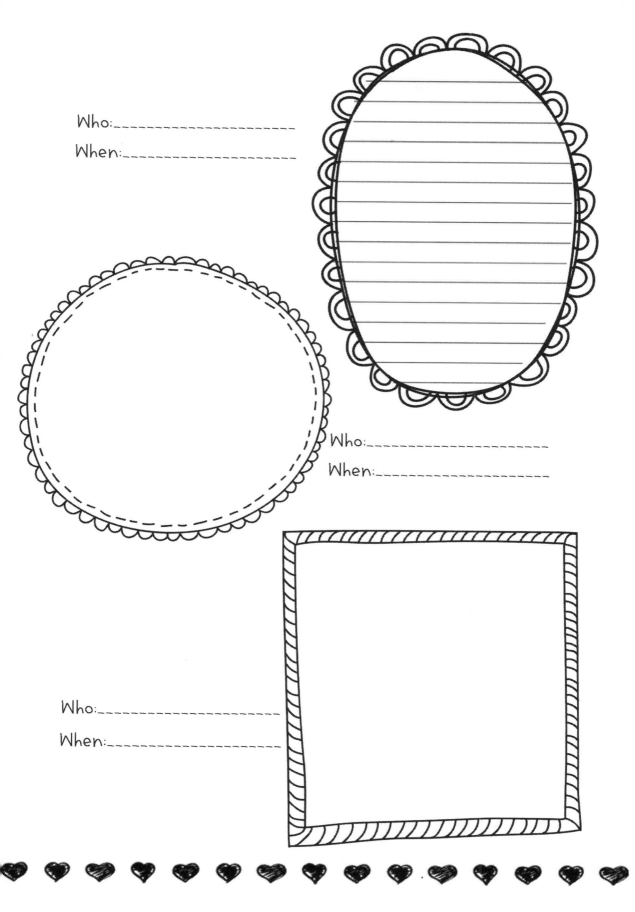

Who:_____
When:_____

Who:_____
When:_____

Who:_____
When:_____

Who:_____

When:_____

WHAT'S YOUR
FAVORITE SEASON
OF THE YEAR?
WHY?

Who:_____

When:_____

Who:_____

When:_____

Who:_____

When:_____

Who:_____

When:_____

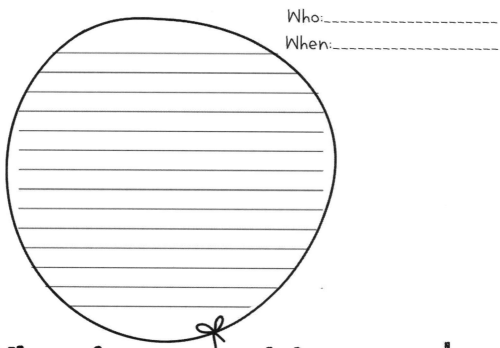

Who:_____

When:_____

What is something you've done that someone can be thankful for?

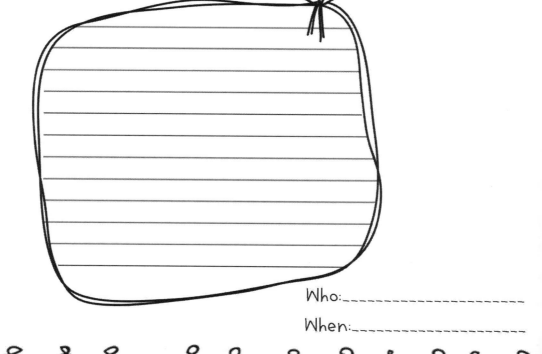

Who:_____

When:_____

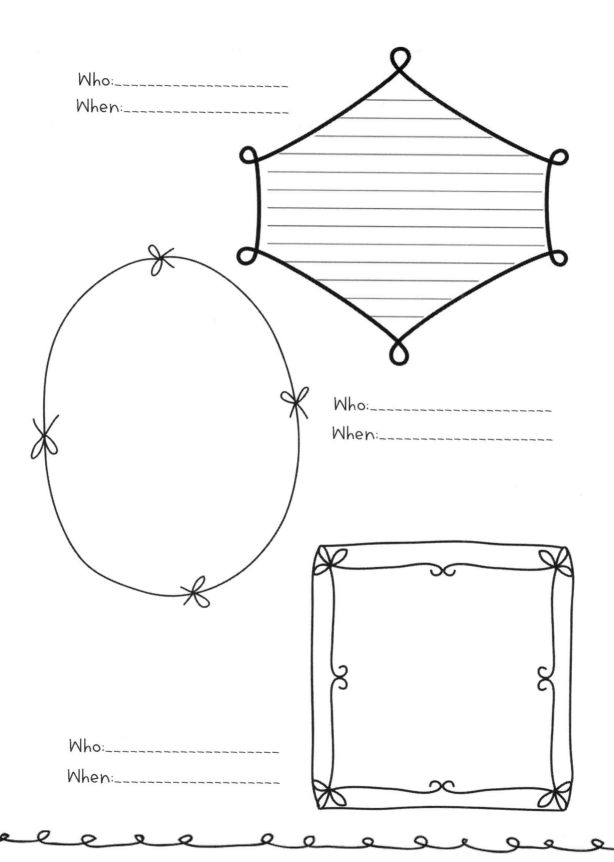

Who:_____
When:_____

Who:_____
When:_____

Who:_____
When:_____

WHAT SMALL THING CAN YOU GIVE THANKS FOR TODAY?

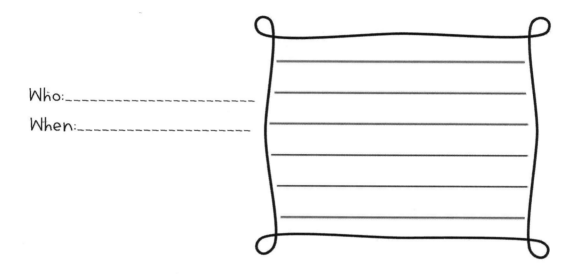

Who:_____

When:_____

Who:_____ When:_____

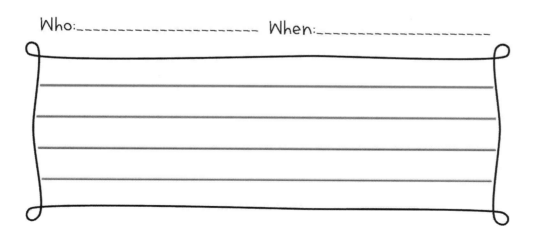

Who:_____

When:_____

Who:_____

When:_____

Who:_____

When:_____

Who:_____

When:_____

What family
tradition do
you enjoy?

Who:_____

When:_____

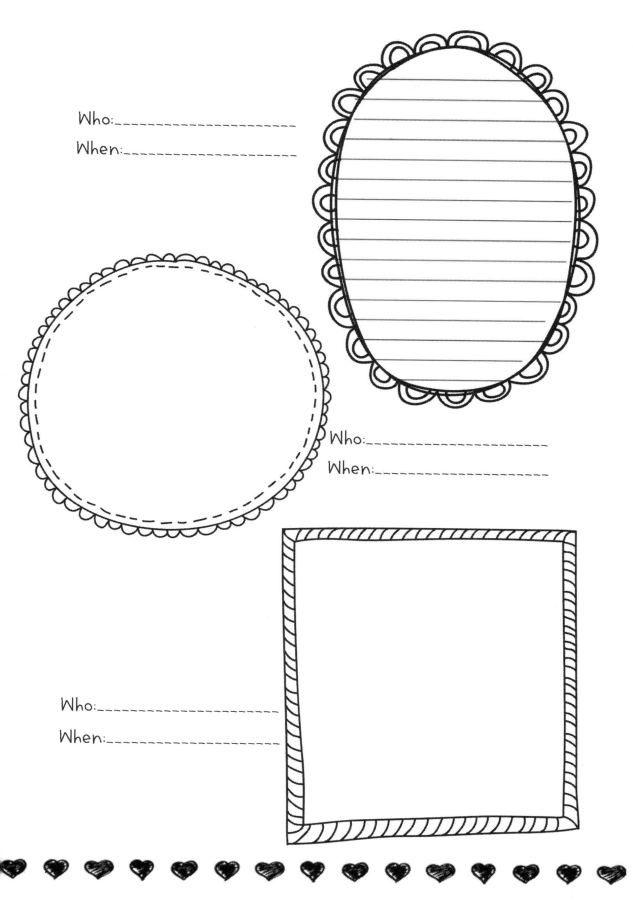

Who:_____

When:_____

Who:_____

When:_____

Who:_____

When:_____

Who:_____

When:_____

WHAT IS SOMETHING BEAUTIFUL YOU'VE NOTICED IN NATURE RECENTLY?

Who:_____

When:_____

Who:_____

When:_____

Who:_____

When:_____

Who:_____

When:_____

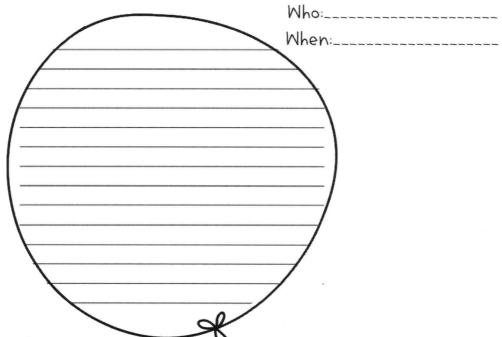

Who:_____

When:_____

When was the last time somebody thanked you?

How did it feel?

Who:_____

When:_____

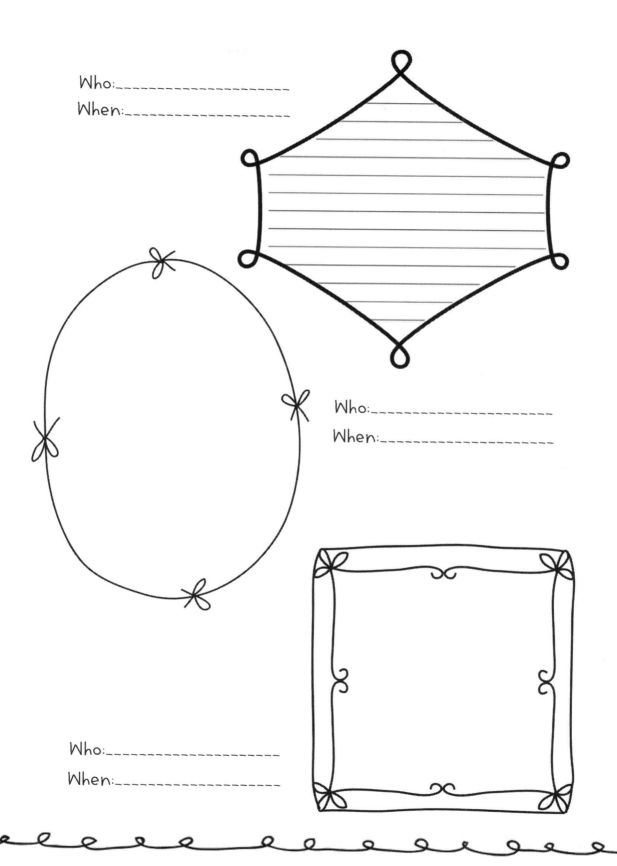

Who:_____
When:_____

Who:_____
When:_____

Who:_____
When:_____

DESCRIBE A MOMENT YOU ARE GRATEFUL FOR.

Who:_____

When:_____

Who:_____ When:_____

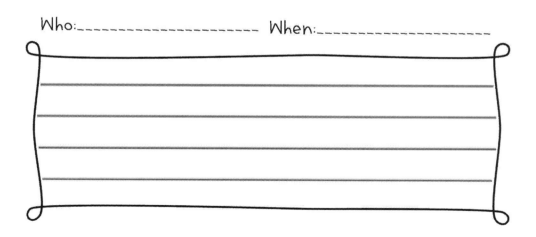

Who:_____

When:_____

Who:_____

When:_____

Who:_____

When:_____

Who:_____

When:_____

What do you
appreciate
about your
family?

Who:_____

When:_____

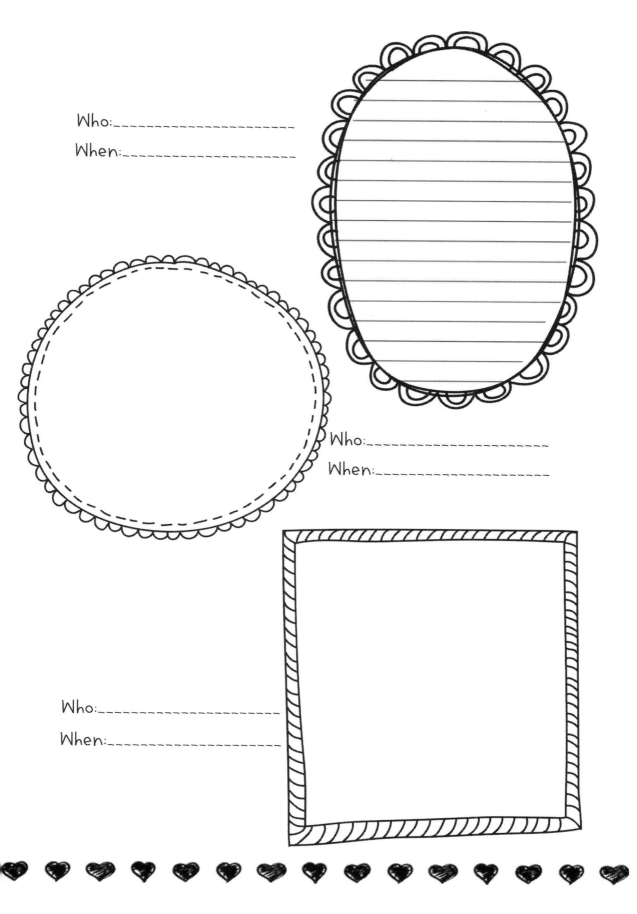

Who:_____
When:_____

Who:_____
When:_____

Who:_____
When:_____

Who:_____

When:_____

WHAT CAN
YOU SAY
THANK YOU
TO NATURE
FOR?

Who:_____

When:_____

Who:_____

When:_____

Who:_____

When:_____

Who:_____

When:_____

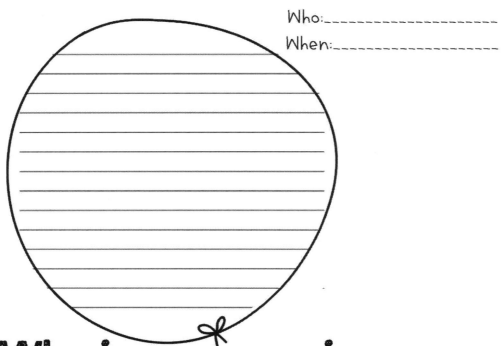

Who:_____

When:_____

Who is someone in your community that you are thankful for?

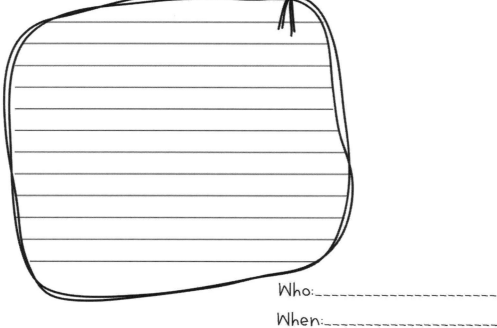

Who:_____

When:_____

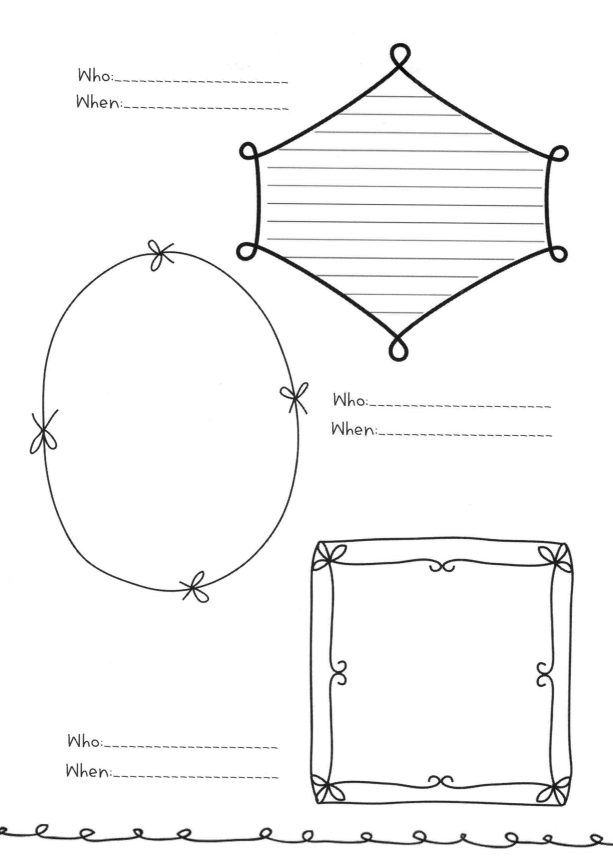

Who:_____

When:_____

Who:_____

When:_____

Who:_____

When:_____

WHAT WAS THE BEST PART OF YOUR DAY?

Who:_____

When:_____

Who:_____ When:_____

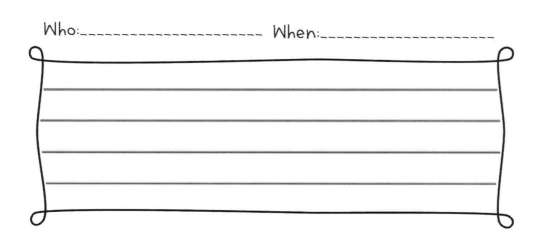

Who:_____

When:_____

Who:_____

When:_____

Who:_____

When:_____

Who:_____

When:_____

What's your favorite place outside your home?

Tell what you like about it.

Who:_____

When:_____

Who:_____

When:_____

Who:_____

When:_____

Who:_____

When:_____

Who:_____

When:_____

HOW CAN YOU SHOW YOUR APPRECIATION FOR NATURE?

Who:_____

When:_____

Who:_____

When:_____

Who:_____

When:_____

Who:_____

When:_____

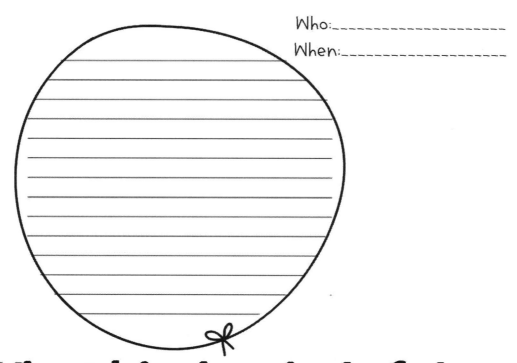

What kind or helpful thing did you do today?

Who:_____

When:_____

Who:_____

When:_____

Who:_____

When:_____

Who:_____

When:_____

WHAT'S YOUR FAVORITE THING TO DO INDOORS?

Who:_____

When:_____

WHY?

Who:_____ When:_____

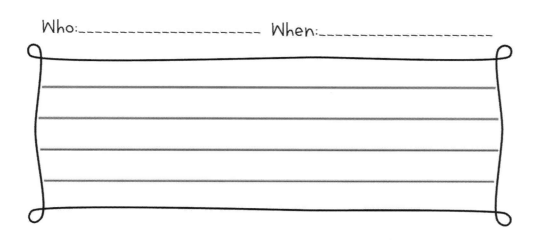

Who:_____

When:_____

Who:_____

When:_____

Who:_____

When:_____

Who:_____

When:_____

Tell about a holiday or celebration that you enjoy.

Who:_____

When:_____

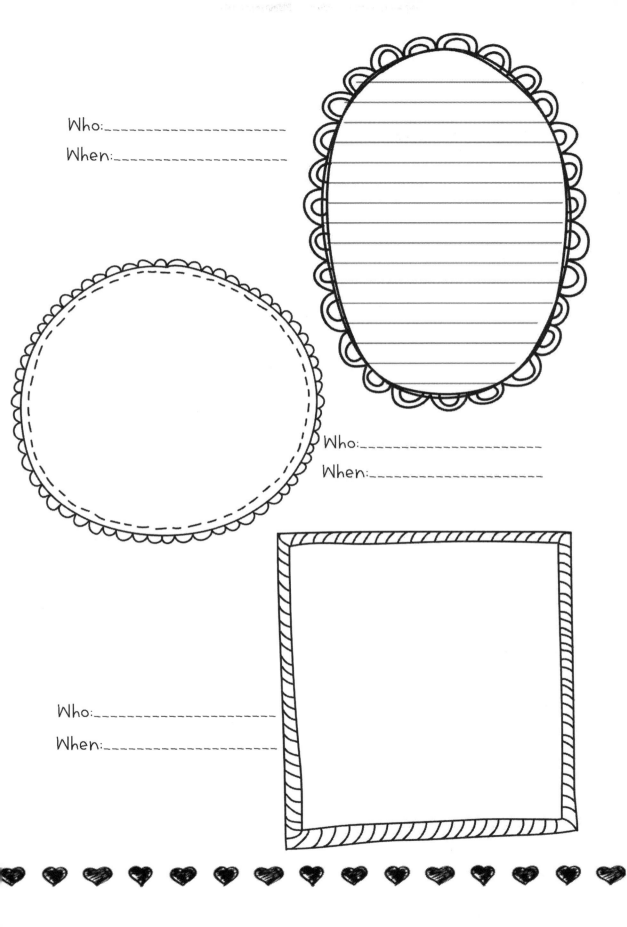

Who:_____

When:_____

Who:_____

When:_____

Who:_____

When:_____

Who:_____

When:_____

TELL ABOUT A
PET OR ANIMAL
YOU ARE
THANKFUL FOR

Who:_____

When:_____

Who:_____

When:_____

Who:_____

When:_____

Who:_____

When:_____

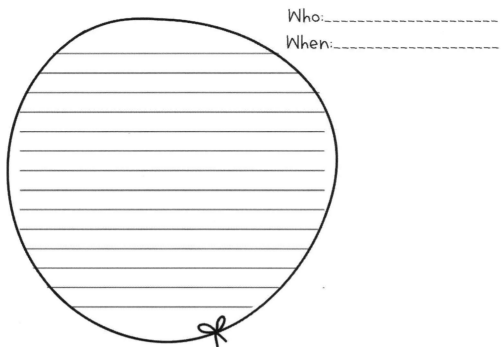

Who:_____

When:_____

Tell about a time that you helped someone.

Who:_____

When:_____

Who:_____

When:_____

Who:_____

When:_____

Who:_____

When:_____

TELL ABOUT A FRIEND YOU ARE GRATEFUL FOR.

Who:_____

When:_____

Who:_____   When:_____

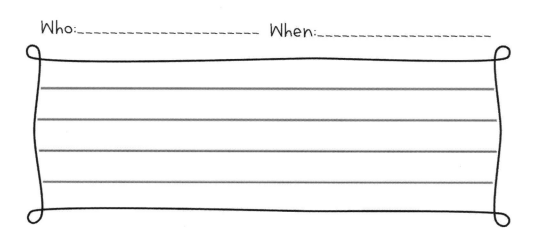

Who:_____

When:_____

Who:_____

When:_____

Who:_____

When:_____

Who:_____

When:_____

What's your
favorite way
to move
your body?
Why?

Who:_____

When:_____

Who:_____

When:_____

Who:_____

When:_____

Who:_____

When:_____

Who:_____

When:_____

WHAT MUSIC DO YOU ENJOY LISTENING TO?

HOW DOES IT MAKE YOU FEEL?

Who:_____

When:_____

Who:_____

When:_____

Who:_____

When:_____

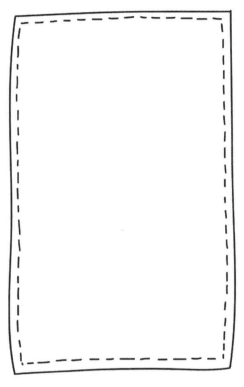

Who:_____

When:_____

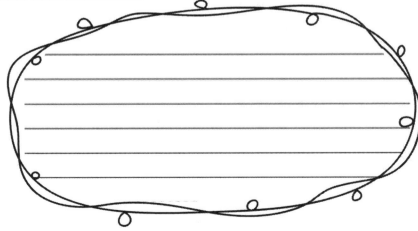

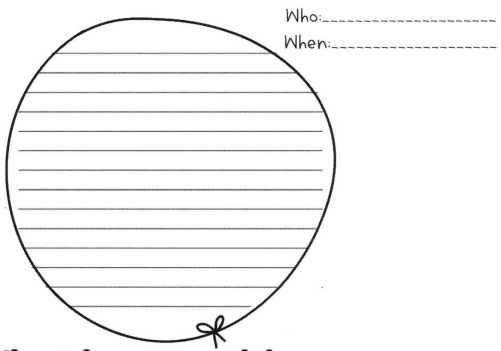

Who:_____

When:_____

What is something you can do today to let someone know you appreciate them?

Who:_____

When:_____

Who:_____

When:_____

Who:_____

When:_____

Who:_____

When:_____

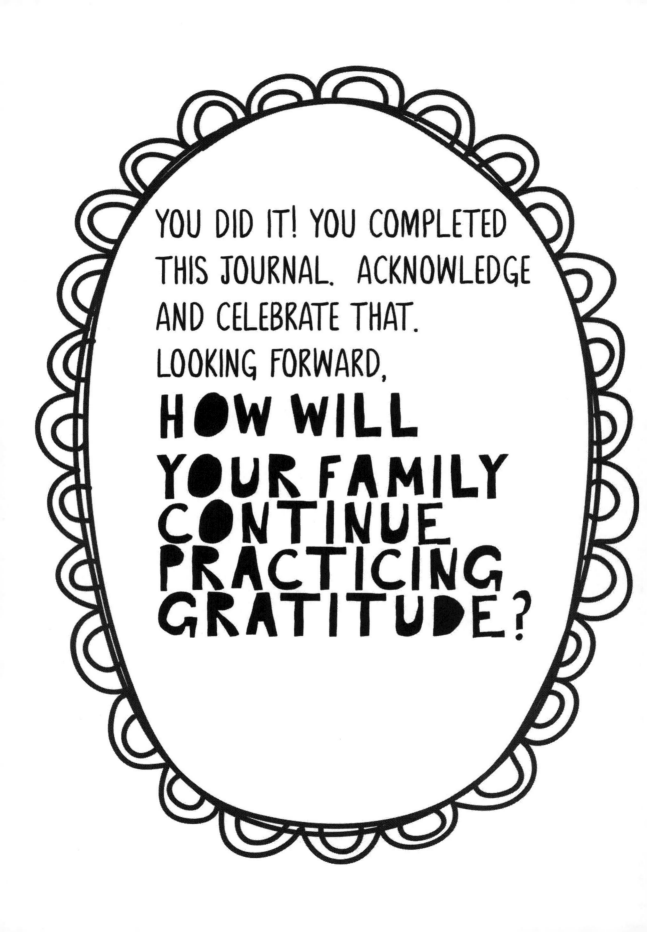

YOU DID IT! YOU COMPLETED THIS JOURNAL. ACKNOWLEDGE AND CELEBRATE THAT. LOOKING FORWARD, HOW WILL YOUR FAMILY CONTINUE PRACTICING GRATITUDE?

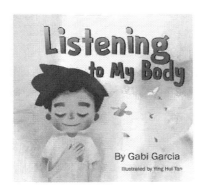

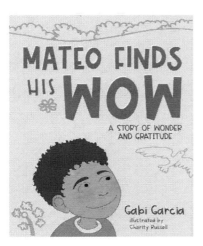

Manufactured by Amazon.ca
Bolton, ON

28674860R00061